AF345197

VENTE AUX ENCHÈRES PUBLIQUES

HOTEL DROUOT, SALLE N° 11

LE VENDREDI 4 AVRIL 1913

A deux heures

NOMBREUX FIXÉS

Tableaux, Aquarelles, Gouaches, Dessins, Gravures, etc.

COMPOSANT LA COLLECTION DE M. LE BARON D'A.

ET

BOISERIES

POUR SALON, SALLE A MANGER, BUREAU

BEAUX TAPIS

ESPAGNOLS ET HISPANO-MAURESQUES

DES XVIᵉ ET XVIIᵉ SIÈCLES

APPARTENANT A DIVERS

EXPOSITION PUBLIQUE

Le Jeudi 3 Avril 1913, de deux heures à six heures

COMMISSAIRE-PRISEUR	EXPERT
Mᵉ GEORGES AULARD	M. GEORGES GUILLAUME
6, rue Saint-Marc	13, rue d'Aumale

CONDITIONS DE LA VENTE

Elle sera faite au comptant.

Les adjudicataires paieront *dix pour cent* en sus des enchères.

L'exposition mettant le public à même de se rendre compte de l'état de conservation des objets, aucune réclamation ne sera admise une fois l'adjudication prononcée.

Paris. — Imp. de l'Art, Ch. Berger 41, rue de la Victoire.

DÉSIGNATION

1° Collection de M. le Baron d'A.

FIXÉS

TABLEAUX, AQUARELLES

GOUACHES, DESSINS, GRAVURES
ETC., ETC...

1 — A. D. Femme cousant. Aquarelle signée du monogramme à droite en bas.

2 — A. D. Paysage boisé avec colline. Eau-forte.

3 — A. J. Maisonnette au bord d'une mare. Petit dessin circulaire à la plume.

4 — BELLINI (C.). Le Pont. Peinture rectangulaire. Signée à droite en bas.

5 — CHARLET (Genre de). Pèlerins et militaires. Petit panneau circulaire, décoré au vernis.

6 — CHARLET (D'après). En avant, camarades! Bas-relief circulaire en bois sculpté.

7 — CHARUEL (J.). Aigle dévorant un canard-siffleur. Peinture sur toile, signée à gauche en bas et datée : *1831*. Cadre doré d'époque Restauration.

8 — CHARUEL (J.). Laveuses au bord de la rivière. Peinture sur toile, signée à gauche et datée : *1835*.

9 — CICÉRI. Les Grottes de Coïmbre. Lavis rehaussé de blanc, signé à droite en bas et daté : *1826*.

10 — CLÉMENT (J.). Toits rouges au bord de la rivière. Gravure en couleur, signée à gauche en bas.

11 — DEMARNE (D'après). La Cascade. Peinture sur toile.

12 — DIAQUÉ. La Guinguette. Peinture sur panneau.

13 — DOES (J. Van). Moutons dans la campagne près d'une tour en ruine. Peinture sur panneau portant au dos un cachet de collection.

14 — Gélibert. Paysage verdoyant. Aquarelle.

15 — Gillès (M.). Moulin à vent au bord d'un étang. Peinture sur panneau.

16 — Kossbuhl (C.). Napoléon et son état-major. Aquarelle circulaire, signée à droite en bas et datée : *1807*.

17 — H. L. Le Torrent. Petite peinture.

18 — H. L. La Chute d'eau. — Les Palmiers. Deux petites peintures ovales se faisant pendants.

19 — H. L. Les Falaises. Petite toile rectangulaire, signée du monogramme à gauche en bas.

20 — H. L. Coucher de soleil dans les montagnes. — Clair de lune sur une tour en ruine. Deux petites peintures-médaillons se faisant pendants, signées du monogramme en bas.

21 — Jublin. Barques de pêche. Peinture sur panneau.

22 — Junker (F.). La Futaie. Dessin à la mine de plomb sur cire.

23 — Mattée (Paul) et Le Padouan (D'après).
Renaud et Armide. — Salmacis et Herma-
phrodite. Deux gravures en noir se faisant
pendants.

24 — Meulen (École de Van der). Le Boute-
selle. Petite peinture sur panneau.

25 — Montaigne (D'après). Scène de patinage.
Gravure en noir.

26 — Noel (Genre de J.) Marine. Toile.

27 — Pujol (Abel de). Entrée d'un château. Dessin à la mine de plomb.

28 — Riçois. Perspective du Vieux Paris. Toile,
signée à droite en bas et datée : *1829*.

29 — Robert (Carl). La Forêt. Émail en grisaille.

30 — André del Sarte et Joseph Césari (D'après).
Suzanne au bain. — Jupiter et Léda. Deux
gravures se faisant pendants.

31 — Teniers (D'après). Le Fumeur. Fixé ovale.

32 — Troyon (D'après). Les Chaumières. Panneau.

33 — Vasseur (L.) Voilier sur un lac entouré de montagnes et de maisons. Dessin à la mine de plomb, rehaussé de lavis et de blanc, signé à droite en bas et daté : *1847*.

34 — Vernet (H.). Effet de nuage dans les montagnes. Aquarelle gouachée de forme rectangulaire. Signée à gauche en bas.

35 — Vernet (Attribué à). Entrée d'un port au clair de lune. Peinture sur panneau. Cadre doré à palmettes.

36 à 66 — Vignaud. La Montée de Saint-Cloud. Revue navale. — La Kermesse. — La Paix et la Guerre. — Le Tournoi. — Moutons sur la route. — Canal et chemin de fer. — Vue de la Corne d'or. — Trois-mâts long-courrier par gros temps. — Goëlette dans la tempête. — Les Chutes du Rhin. — Entrée de Jeanne d'Arc à Orléans. — Scène de patinage. — Scène de chasse en Algérie ; et autres petites peintures présentant des paysages divers et des marines. En tout trente pièces, la plupart sur parchemin et dans cadres en bronze ciselé et doré.

67 — WOUWERMAN (Genre de). Le Départ pour la chasse à courre. Peinture rectangulaire sur panneau.

68 — ZORG (Attribué à). Intérieur de cuisine. Peinture sur panneau. Cadre doré à palmettes, de l'époque Empire.

69 — ÉCOLE ALLEMANDE. Toit de chaume. Petite peinture rectangulaire sur cuivre.

70 — ÉCOLE ESPAGNOLE. Effet de neige à la porte d'une ville. Fixé ovale. Cadre en bois doré à perles.

71 — ÉCOLE FRANÇAISE DE L'EMPIRE. Le Couronnement de l'Amour. Petit dessin circulaire en grisaille.

72 — ÉCOLE FRANÇAISE DE L'EMPIRE. La Leçon de harpe. — Maternité. Deux petites gravures ovales en couleur.

73 — ÉCOLE FRANÇAISE DE 1830. Personnages dans une clairière. Panneau.

74 — ÉCOLE DE 1830. Le Château de Pau et le Pont de Jurançon. Panneau.

75 — ÉCOLE DE 1830. Le Retour à la maison. — Scène de ménage. — Les Petites Espiègles. Trois peintures sur métal.

76 — ÉCOLE DE 1830. Paysage d'automne. Petite peinture carrée sur panneau.

77 — ÉCOLE FRANÇAISE. Paysan à cheval sur la route. — Campagnard et bestiaux. Deux fixés.

78 — ÉCOLE FRANÇAISE. Personnages de la cour dans le jardin de Saint-Cloud. Petite peinture ovale.

79 — ÉCOLE FRANÇAISE. La Source. Petite peinture sur carton.

80 — ÉCOLE FRANÇAISE. Maisonnette au bord d'un cours d'eau. Petite gouache circulaire.

81 — ÉCOLE FRANÇAISE. Voilier sur la rivière. — Le Pont. Deux petites gouaches circulaires se faisant pendants.

82 — ÉCOLE FRANÇAISE. Perspective de château. — Réunion de personnages sous bois. Deux petits panneaux peints se faisant pendants. Cadres en bronze à nœuds de rubans.

83 — ÉCOLE FRANÇAISE. Les Pêcheurs. Fixé ovale. Cadre en bois et peluche.

84 — ÉCOLE FRANÇAISE. La Roue de la Fortune. Petite gouache rectangulaire sur parchemin.

85 — ÉCOLE FRANÇAISE. Pastorale. — Ruines. Deux aquarelles gouachées de forme ovale.

86 — ÉCOLE FRANÇAISE. Vaches et jeune pâtre. Petite toile rectangulaire marouflée.

87 — ÉCOLE FLAMANDE. Paysan conduisant son troupeau. Aquarelle.

88 — ÉCOLE FLAMANDE. Homme assis. — Scène de cabaret. — Le Buveur. Trois peintures sur métal et bois.

89 — ÉCOLE FLAMANDE. L'Abreuvoir. — La Tabagie. Deux miniatures sur ivoire se faisant pendants. Cadres en bronze doré.

90 — ÉCOLE FLAMANDE. Intérieurs de villages. Deux fixés ovales se faisant pendants. Cadres en cuivre.

91 — ECOLE HOLLANDAISE. Paysans sur la route à la sortie d'un village. Peinture sur cuivre. Cadre noir mouluré.

92 — ÉCOLE HOLLANDAISE. Pâturage avec perspective de ville. Peinture sur cuivre, signée en bas, à droite, du monogramme : *A. I. B.* Cadre noir mouluré.

93 — ÉCOLE ITALIENNE. Femme dans la campagne romaine. Fixé rectangulaire. Cadre en palissandre et cuivre ciselé.

94 — ÉCOLE ITALIENNE. Paysage lacustre. Panneau ovale. Cadre en ébène.

95 — ÉCOLE ITALIENNE. Mausolée et saule pleureur. Fixé circulaire.

96 — ÉCOLE ITALIENNE. Voiliers près de la côte. Fixé.

97 — ÉCOLE ITALIENNE. Le Vésuve. — Paysans italiens dans les montagnes. Deux fixés ovales se faisant pendants.

98 — ÉCOLE ITALIENNE. Vue de la campagne romaine. Petite peinture circulaire sur cuivre.

99 — ÉCOLE ITALIENNE. La Baie de Naples. — Perspective du Vésuve. Deux fixés ovales se faisant pendants.

100 — ÉCOLE ITALIENNE. La Promenade en barque. Fixé ovale.

101 — ÉCOLE ITALIENNE. Scènes diverses. Trois petits chromos ou lithographies.

102 — ÉCOLE ITALIENNE. L'Adoration. Peinture ovale sur parchemin.

103 — ÉCOLE ITALIENNE. Vues de ports. — Deux panneaux peints se faisant pendants.

104 — ÉCOLE ITALIENNE. Tour en ruine. Petit fixé ovale.

105 — ÉCOLE ITALIENNE. Pâturages dans une anse parmi des rochers. Peinture sur panneau.

106 — ÉCOLE RUSSE. La Danse. Peinture sur tôle.

107 — École suisse. Clair de lune sur un lac.
Peinture sur panneau.

108 — École suisse. Paysan sur la route dans
une perpective montagneuse. Peinture sur
panneau.

109 — École suisse. Lacs dans les montagnes.
Deux petites gouaches se faisant pendants.

110 — École suisse. Lac au pied des montagnes.
Petite peinture circulaire.

111 — École suisse. Bord d'un lac avec voilier
et personnages. Gouache rectangulaire. Cadre
doré à palmettes.

112 — École indo-persane. Réunion de personnages dans un palais. Fixé.

113 — École japonaise. Pagode dans un paysage.
Peinture circulaire sur soie, provenant d'un
éventail.

114 — École moderne. Bord de rivière. Fusain.

115 — École moderne. Le Moulin. Petite aquarelle rectangulaire. Cadre en bronze ciselé.

116 — École moderne. Chaumière au bord de la route. — Chemin surplombant la vallée. Deux peintures ovales se faisant pendants. Cadres dorés à palmes.

117 — École moderne. Les Vanniers. Aquarelle rectangulaire.

118 — Inconnu. La Grande Horloge, à Rouen. — Le Château de Chambord. Deux céramiques.

119 — Inconnu. Vues panoramiques. Deux fixés ovales se faisant pendants.

120 — Inconnu. La Maison forestière. — La Promenade publique. — Place surplombant une ville. Trois aquarelles.

121 — Inconnu. Tour et maisons. Petite aquarelle ovale.

122 — Inconnu. Le Galant. Petite aquarelle rectangulaire, signée de l'initiale : B, à gauche en bas. Cadre en bronze ciselé.

123 — INCONNU. La Route au bord de l'étang.
Gouache circulaire. Cadre doré à étoiles et
feuilles d'eau.

124 — INCONNU. Intérieur de forge. Petite peinture rectangulaire sur panneau.

2° Objets appartenant à Divers

BOISERIES, TAPIS

BRODERIE

125 — Boiserie de salon en chêne sculpté et partiellement doré à coquilles et moulures. Style Régence.

126 — Boiserie de salle à manger en noyer à filets et volutes. Style Renaissance.

127 — Boiserie de bureau en poirier noirci.

128 — Tapis à décor d'animaux et motifs réguliers en jaune sur fond bleu; encadrement à rosaces. Travail espagnol du XVIIe siècle.

Long., 3 m. 65 cent.; larg., 1 m. 70 cent.

129 — Beau tapis à décors d'arabesques sur fond rouge avec double encadrement jaune. Travail hispano-mauresque du XVIe siècle.

Long., 2 m. 35 cent.; larg., 1 m. 55 cent.

130 — Remarquable tapis à décor de rinceaux et volutes sur fond jaune. Travail espagnol du XVIe siècle.

Long., 4 m. 10 cent.; larg., 2 m. 20 cent.

131 — Panneau d'ancienne broderie de soie encadré, représentant la Vierge.

132 — Objets omis.

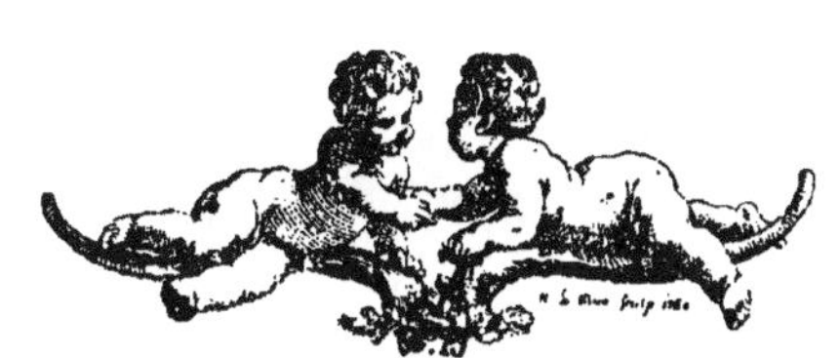